P. VIDAL-LABLACHE

à la Faculté des lettres de l'Université de Paris.

CARTES MURALES [DOUBLE FACE SUR CARTON]

PARLANTES au recto, **MUETTES** au verso

(1ᵐ,20 de largeur sur 1ᵐ de hauteur), avec Notices

Notice de la Carte

Nᵒ 37 bis. Antilles. — Guyane. Nouvelle-Calédonie.

CONTENANT

1ᵉ Notice. — 2ᵉ Questionnaire avec réponses.

Par M. Paul DUPUY

Ancien élève de l'École normale supérieure, Agrégé d'histoire et de géographie.

LISTE DES CARTES MURALES

LES CARTES marquées d'un *astérisque* (*) sont **parlantes au recto, muettes au verso.**

France et cinq parties du monde.

1. Termes de Géographie.
2*. France. Cours d'eau.
3*.   — Relief du sol.
4*.   — Départements.
5*.   — Villes.
6*.   — Canaux.
7*.   — Chemins de fer.
8.   — Agriculture et Industrie.
9*.   — Provinces.
10.   — Frontière N.-E.; et France militaire.
11*. Algérie et Tunisie.
12*. Europe physique.
13*.   — politique.
14*. Asie physique.
15*.   — politique.
16*. Afrique physique.
17*.   — politique.
18*. Continent américain physique.
19*. Amérique du Nord politique.
20*. Amérique du Sud politique.

21*. Océanie.
22*. Planisphère.
23. Palestine et Pays d'Orient.
24. Paris et Environs de Paris.

Contrées d'Europe et Colonies
(*physiques au recto, politiques au verso*)

25. Belgique.
26. Suisse.
27. Allemagne.
28. Iles Britanniques.
29. Pays-Bas.
30. Italie.
31. Espagne et Portugal.
32. Autriche-Hongrie.
33. Péninsule des Balkans.
34. Russie.
35. Grèce et Archipel.
36. Madagascar et Indo-Chine.
37. Colonies de l'Afrique occident^le, — Guyane, Nouv.-Calédonie, etc.
38. Tunisie.

Appareil de suspension, 2 fr. — Meuble destiné à renfermer les cartes, 12 fr. — Cartes expédiées sans le meuble : plateau d'emballage, 1 fr. en sus. — *Notice,* pour chaque carte, 40 centimes.

ARMAND COLIN ET Cⁱᵉ, ÉDITEURS

5, RUE DE MÉZIÈRES, PARIS

COURS DE GÉOGRAPHIE

Par M. P. FONCIN, inspecteur général de l'Enseignement secondaire.

L'Année préparatoire de Géographie. In-12 oblong, cart., » 75. — La Première année eGéographie. In-4ᵒ, cart., 1 50. — La Deuxième année de Géographie. In-4ᵒ, cart., 4 25. — La Troisième année de Géographie. In-4ᵒ, cart., 6 50. — Géographie historique In-4ᵒ, cart., 6 ». — Géographie générale. In-4ᵒ, relié toile, 12 ».

CARTES MURALES [DOUBLE FACE SUR CARTON]

PARLANTES au recto, MUETTES au verso

(1^m,20 de largeur sur 1^m de hauteur), avec Notices

PAR

P. VIDAL-LABLACHE

Professeur à la Faculté des lettres de l'Université de Paris

Notice de la Carte

N° 37 bis. Antilles. — Guyane. Nouvelle-Calédonie.

CONTENANT

1° Notice; — 2° Questionnaire avec réponses.

Par M. Paul DUPUY

Ancien élève de l'École normale supérieure, Agrégé d'histoire et de géographie.

ARMAND COLIN ET Cie, ÉDITEURS

5, RUE DE MÉZIÈRES, PARIS

1899

VIDAL-LABLACHE

Deuxième série de cartes murales.

AVERTISSEMENT DES ÉDITEURS

Avec la carte de Belgique (n° 25), commence une série nouvelle de la collection murale Vidal-Lablache, préparée en vue des Écoles primaires supérieures et de l'Enseignement secondaire.

Voici, sauf de rares exceptions, la disposition suivant laquelle ont été utilisés le verso et le recto de chaque carte.

Sur une face se présente la géographie physique exprimée par un coloris vert et bistre ; sur l'autre face se trouve la carte politique du même pays.

Dans les cartes physiques, on a inscrit en caractères rouges les points essentiels de la géographie agricole.

Dans les cartes politiques, la lettre rouge est consacrée à l'industrie et au commerce.

Ainsi, tandis qu'un côté donne tout ce qui se rapporte directement à la nature, l'autre est consacré surtout aux hommes et aux principales manifestations de leur activité.

Dans l'une et l'autre carte, on s'est lié aux caractères fins pour donner aux professeurs le supplément d'indications dont ils peuvent avoir besoin.

Comprises et présentées de la sorte, les cartes de M. Vidal-Lablache, que nous offrons à l'Enseignement secondaire, constituent une double nouveauté. C'est la première fois, en France, qu'on aura publié un atlas mural des principaux pays de l'Europe et du monde. Peut-être aussi n'aura-t-on jamais serré d'aussi près la définition que M. Jallifier a donnée naguère d'une bonne carte murale dans son rapport *à la Commission pour l'étude des améliorations de l'Enseignement secondaire.* « Elle a pour fonction, dit-il, de dégager de la foule des traits et des noms géographiques les traits et les noms essentiels à l'intelligence de l'exposé oral. La carte murale ne sera jamais une sorte de carte d'atlas développée ; par la disposition des couleurs, des lignes, des caractères, elle simplifiera toute chose : elle aura un caractère démonstratif, nullement documentaire. »

On ne saurait mieux dire, et le meilleur éloge qu'on puisse faire des cartes de M. Vidal-Lablache, c'est que si la seconde série vient après ce rapport, la première l'a de beaucoup précédé.

CARTE N° 37bis

A. — NOTICE

I. — ANTILLES

Les Antilles. — Principaux groupes d'îles; divisions politiques. — Entre le tropique du Cancer et le 10ᵉ parallèle septentrional, à l'endroit où les golfes du Mexique, du Honduras et de Darien resserrent le continent américain en une série d'isthmes qui s'amincissent du nord au sud, un *long chapelet d'îles* va d'une Amérique à l'autre, enveloppant la profonde mer côtière à laquelle il a valu son nom, la *mer des Antilles*.

Les Antilles se partagent, comme on sait, en deux séries ; les *grandes*, orientées de l'ouest à l'est ; les *petites*, qui leur font suite du nord au sud. La carte ne donne que la partie des petites Antilles où se trouvent les îles qui appartiennent à la France.

C'est d'abord, au nord, un groupe de petites îles, où l'Angleterre possède Anguille, la Barbude, Antigua, Montserrat, Nièves et Saint-Christophe ; le *Danemark*, Saba ; la *Hollande*, Saint-Eustache et la moitié de Saint-Martin ; la **France**, *l'autre moitié* de **Saint-Martin** *et l'île* **Saint-Barthélemy**.

Puis viennent, alignées en chapelet, les plus étendues des petites Antilles, qui appartiennent : la

Guadeloupe avec la *Désirade*, *Marie-Galante* les *Saintes* et la **Martinique**, à la **France** ; — La Dominique et Sainte-Lucie à l'Angleterre.

Au sud, hors du champ de la carte se trouve un troisième groupe **exclusivement anglais**, qui comprend, dans le prolongement exact du groupe précédent, Saint-Vincent, les Grenadines et la Grenade, et, plus au large vers l'est, la *Barbade* et Tabago.

Situées dans la zone des *vents alizés du nord-est*, les Antilles sont les *premières terres américaines* atteintes par **Christophe Colomb**. Dans son deuxième voyage (1493) et dans son troisième (1502), c'est aux petites Antilles qu'il aborda.

Après les côtes du *Sénégal* et de la Guinée ce sont les **terres tropicales** *les plus anciennement colonisées* par les Européens. Aussi ont-elles été depuis la seconde moitié du dix-septième siècle disputées entre les principales puissances coloniales, particulièrement entre la **France** et l'**Angleterre**. *La plupart nous ont appartenu*, et leur commerce a fait autrefois la fortune de **Nantes** et en partie celle de *Bordeaux;* mais les guerres de Louis XIV et de Louis XV nous ont fait perdre là, comme au *Canada* et dans l'*Hindoustan*, la plus grande partie de nos colonies. Ce sont les traités de Vienne en 1815, qui nous ont définitivement réduits à la possession de la **Martinique**, de la **Guadeloupe** et des petites îles voisines, les *Saintes, Marie-Galante* et la *Désirade*, et de la moitié septentrionale de *Saint-Martin*. En 1877, la Suède nous a retrocédé la petite île de *Saint-Barthélemy* que nous lui avions cédée en 1784.

Superficie des Antilles françaises. — L'ensemble des possessions françaises dans les Antilles est quelque chose de *tout à fait petit*, équivalant en tout, à un kilomètre carré près, au seul *département du Rhône*.

La **Martinique** a 988 kilomètres carrés; c'est-à-dire

qu'elle est *deux fois plus grande* que le département de la *Seine*. La **Guadeloupe** n'est pas tout à fait deux fois plus grande que la Martinique (1 600 kilomètres carrés). *Marie-Galante* est grande deux fois comme Paris. La partie française de *Saint-Martin* et *Saint-Barthélemy* réunies équivalent à peu près à la surface de Paris.

Au reste il est facile de se rendre compte de ces dimensions en comparant la carte à celle de la France, dans la même collection. *L'échelle en est la même.*

Structure des petites Antilles. L'alignement volcanique. — La majeure partie des petites Antilles forme un **alignement** de *pitons* d'**origine volcanique**, sommets émergés d'une *chaîne sous-marine.* C'est une structure analogue à celle de la plupart des archipels disposés en *chapelet*, et en particulier à celle des *archipels côtiers de l'Asie orientale :* îles Aléoutiennes, îles Riou-Kiou, îles Kiou-Siou.

Les plus élevés de ces pitons volcaniques sont précisément ceux que donne la carte dans les quatre îles les plus méridionales. Dans la Guadeloupe occidentale, la **Grande Soufrière** atteint 1 484 mètres d'altitude ; dans la Dominique, le *Morne Diablotin* en a 1 446 ; dans la Martinique, la **Montagne Pelée** en a 1 350 ; dans Sainte-Lucie, la *Soufrière* en a 1 200.

Le volcanisme à la Martinique. — La Martinique *presque tout entière* est formée par les éjections de **six foyers volcaniques** éteints aujourd'hui. *Les plus élevés* et en même temps *les plus anciens* sont dans le *nord de l'île* où ils conservent la forme aiguë de *pitons ;* dans le sud, ce sont plutôt des *mornes*, c'est-à-dire des sommets arrondis qui ne dépassent pas 500 mètres.

En même temps que la nature des roches qui constituent la majeure partie de l'île, de *nombreuses sources thermales* attestent les origines volcaniques de la Martinique. Sur la Montagne Pelée un petit lac occupe l'emplacement du cratère.

Des *vallées et des gorges profondes*, où ruissellent des torrents, découpent la surface de l'île. Les *côtes* sont en général *escarpées ;* d'allure uniforme dans le nord de l'île, elles sont dans le sud très accidentées de *presqu'îles*, de *golfes*, comme la *baie de Fort-de-France*, et d'innombrables petits culs-de-sac. Les mouillages profonds et bien abrités y abondent.

Les seules *côtes basses* de l'île se trouvent au fond de la *baie de Fort-de-France*, où se sont accumulés les débris des montagnes entraînés par les eaux.

Le volcanisme à la Guadeloupe. — Tandis que la **Martinique** *forme un bloc unique*, dont le pourtour n'offre que des indentations de détail, la **Guadeloupe** est nettement *divisée en deux parties distinctes*. En réalité même, elle forme **deux îles** : à l'ouest, la *Guadeloupe* proprement dite et à l'est la *Grande-Terre*, séparées par un bras de mer peu profond, la *Rivière salée*.

Seule *la partie occidentale*, ou Guadeloupe proprement dite, est d'une *constitution analogue à celle de la Martinique*. Elle a été formée par l'agglomération très compacte des roches issues de **quatre foyers volcaniques**, dont un, **la Soufrière**, manifeste encore son activité par des émanations sulfureuses. Le tout forme une sorte de *pâté montagneux*, plus compact que la Martinique, et qui, contrairement à elle, diminue d'altitude du sud au nord.

La *côte occidentale*, la plus voisine des foyers volcaniques, est *très escarpée ;* la *côte orientale*, au contraire, est bordée par le *talus en pentes douces* des débris descendus des montagnes. Le pourtour est, dans son ensemble, beaucoup plus simple que celui de la Martinique, et ne présente *presque aucune indentation* ni abri.

Les *Saintes* sont un groupe d'îlots de même origine que la Guadeloupe occidentale, enfermant entre eux une *rade profonde et bien abritée*.

La Grande-Terre, la Désirade et Marie-Galante. — La partie orientale de la Guadeloupe, ou *Grande-Terre*, ainsi que ses dépendances de la *Désirade* et de *Marie-Galante*, est toute différente de la Guadeloupe occidentale et de la Martinique.

Au lieu de roches d'origines volcaniques, on y trouve des *couches calcaires*, ou horizontales ou faiblement inclinées, dont le relief, déterminé uniquement par l'érosion, présente tantôt de *grandes étendues plates et basses* ou bien disposées en *terrasses*, tantôt des *mamelons*, dont les plus élevés, situés au sud, dépassent à peine 100 mètres de hauteur, tantôt des *petites vallées* étroites, découpées par les eaux dans l'épaisseur des couches sédimentaires. La Désirade et Marie-Galante ont des hauteurs plus importantes, mais qui n'atteignent nulle part 300 mètres.

C'est à notre pays de Caux que ressemblent le plus la Grande-Terre et ses dépendances, par leur constitution et leur relief.

Il en est de même pour les côtes qui présentent le plus souvent l'aspect de *falaises*, tantôt bordant immédiatement la mer, tantôt séparées d'elle par des *plages sablonneuses* ; souvent elles sont accompagnées en mer de *roches découpées* en pointes ou en arcades, comme celles d'Étretat, et qui représentent comme elles les *ruines d'anciennes lignes de falaises*.

Climat. — Végétation. — Mais ces fragments du pays de Caux, il faut se les représenter comme revêtus de la **luxuriante végétation tropicale**, qui escalade les pentes des montagnes de la Guadeloupe occidentale et de la Martinique, et les couvre jusqu'à leurs sommets.

La Martinique et la Guadeloupe, en effet, sont situées entre le 14ᵉ et le 17ᵉ degrés de latitude septentrionale, par conséquent *plus voisines du tropique du Cancer que de l'Équateur*, et exactement dans la **zone de l'alizé du nord-est**. La prédominance de ce vent a d'ailleurs valu à tout le groupe des Antilles auquel elles appartiennent le nom d'**Iles-du-Vent**, et c'est sous ce nom que sont politiquement groupées ensemble les îles anglaises voisines.

Cependant, dans la région des Antilles comme partout ailleurs (voir la notice sur la carte de l'Indo-Chine), la *limite méridionale* de la zone de l'alizé nord-est n'est pas fixe, et, *pendant l'été, elle rétro-grade vers le nord*. Ce sont alors des vents du sud et du sud-est qui soufflent, représentant l'extrême effort vers le nord de l'alizé du sud-est.

Ainsi, à la Guadeloupe et à la Martinique, l'année se partage en **trois saisons**. **La saison fraîche**, où dominent les vents du nord et du nord-est, dure de novembre à mars : la température varie alors de 21 à 29 degrés et les pluies sont *abondantes, mais sans excès*. De mars à juin, le vent tourne à l'est; la chaleur varie de 22 à 31 degrés et la *pluie est rare* : c'est la **saison chaude et sèche**. De juillet à novembre, c'est la **saison chaude et humide** : le vent s'établit au sud et au sud-est; la température varie de 23 à 30 degrés, **et il pleut abondamment**.

Si la tranche annuelle qui représente le volume de la pluie annuelle est de 1^m,75, il y en a 1^m,10 pour cette saison, tandis qu'il n'y en a que 0^m,15 pour la saison précédente, et 0^m,50 pour la saison fraîche.

En somme la chaleur est toujours forte, mais plus ou moins supportable suivant qu'il pleut peu, pas mal ou beaucoup. *Dans le voisinage de la mer* le climat est *anémiant pour les Européens*, mais il devient *très supportable pour eux*, comme à la Réunion (voir la notice), *dès qu'on monte* entre 400 et 500 mètres.

La **végétation naturelle** présente par suite du climat les mêmes caractères que dans la partie voisine de l'Amérique du Sud : elle est **extrêmement riche et vigoureuse**. Sur les *côtes plates*, des palétuviers ; dans les *régions basses*, des palmiers, des fougères, des bambous gigantesques ; sur les *hauteurs*, de véritables **forêts vierges**, où abondent des bois comme le campêche et l'acajou, jusqu'à présent inexploités ; des espèces plus voisines de nos arbres d'Europe et de taille moins élevée escaladent les plus hauts sommets et les couvrent d'un épais manteau de verdure éternelle. *Un quart de la surface du sol* à la Martinique et à la Guadeloupe est encore occupé par des **forêts**.

Les principales cultures. — Dans le reste, tout ce qui n'est pas savane ou terre inculte, a été depuis deux siècles et demi défriché pour faire place à des cultures dont la principale est celle de la **canne à sucre**. Un quart de la surface du sol à la Martinique et un septième à la Guadeloupe sont consacrés à cette plante qui forme la richesse principale de l'île.

Bien loin derrière elle viennent les cultures secondaires, comme celles du *café* et du *tabac*. Toutes deux, après avoir été très prospères, ont été très fortement réduites par suite de circonstances diverses.

Comme dans les autres petites Antilles, la culture des *fruits tropicaux*, ananas, mangues, etc., auxquels les États-Unis offrent un débouché voisin très important, tend à se développer.

D'une façon générale, on peut dire que dans les Antilles françaises la prédominance de la canne à sucre est telle que les îles ne produisent *même pas ce qui est nécessaire pour leur nourriture :* elles sont obligées de faire venir de la farine des États-Unis, du riz de l'Inde, des bestiaux pour la boucherie de Porto-Rico et du Venezuela.

L'industrie du sucre et du rhum. — De

même que la culture de la canne est la principale occupation agricole de la Martinique et de la Guadeloupe, de même la seule industrie qui y existe est celle qui se fonde sur cette culture : **fabrication du sucre, du tafia et du rhum.** La crise produite en Europe par le phylloxera dans la fabrication des eaux-de-vie de vin a donné un très grand essor à celle des eaux-de-vie de canne, qui trouve en outre dans la consommation locale un débouché important, peut-être même trop important.

La population. — Bien qu'une immigration française assez nombreuse se soit portée au dix-huitième siècle vers les Antilles, le fond de la population actuelle de la Martinique et de la Guadeloupe est formé par les *descendants des* **nègres** *importés d'Afrique,* au temps de l'esclavage : tantôt de race noire pure, et tantôt mulâtres, métis de noirs et de blancs à différents degrés.

En 1790, il y avait à la Martinique 100 000 habitants, dont plus de 90 000 noirs et mulâtres; à la Guadeloupe, 107 000 habitants dont 93 000 nègres et mulâtres. Aujourd'hui la Martinique a 190 000 habitants et la Guadeloupe avec ses dépendances autant. *La proportion des noirs et des mulâtres* par rapport aux blancs y est *beaucoup plus forte* qu'il y a un siècle.

Après une première période de suppression de 1794 à 1815, l'esclavage n'a été *définitivement aboli qu'après la révolution de* 1848. Les nègres affranchis ayant là, comme ailleurs, déserté presque entièrement le travail de la terre et des usines, ce fut l'occasion d'une *grande crise* pour la culture de la canne et les industries du sucre et du rhum. Les effets s'en sont atténués avec le temps ; mais il n'a pas suffi pour cela que les *nègres fissent l'apprentissage de la liberté ;* il a fallu aussi remédier temporairement au mal en faisant venir des travailleurs du dehors.

Ce furent d'abord des *nègres* engagés sur les côtes d'Afrique comme *travailleurs libres;* mais cela parut un rétablissement déguisé de la traite : on y renonça et, comme à la Réunion, on s'adressa à l'*Inde anglaise:* plus de **70 000 Hindous** vinrent en quarante années dans les Antilles françaises. Il y en a encore aujourd'hui de 20 à 25000 dans les deux îles. Un millier de *Chinois* et quelques centaines d'*Annamites* sont aussi venus à la Martinique et à la Guadeloupe.

Il est certain que si la culture du *caféier* devait retrouver sa prospérité passée, comme elle se fait *surtout sur les hauteurs,* la Martinique et la Guadeloupe pourraient encore offrir des *conditions d'existence excellentes à des* **agriculteurs français.**

Principales villes. — La *densité* de la population est *vraiment forte* dans les Antilles françaises. La Guadeloupe a 104 habitants au kilomètre carré et la Martinique 192. C'est à peu près la même densité que celle du département du Rhône, si l'on en retire la ville de Lyon. Et il faut tenir compte de ce fait, que les *montagnes occupent* dans les deux îles *une surface importante,* et que, par conséquent, la densité réelle est beaucoup plus forte dans les parties habitées et cultivées.

Cette densité est due surtout aux *populations agricoles,* car les *villes sont fort petites.* Les deux chefs-lieux, la *Basse-Terre,* dans la Guadeloupe, et *Fort-de-France* dans la Martinique, ont chacun 8 000 habitants. Ils sont d'ailleurs bien moins importants que les ports de la *Pointe-à-Pitre* (Guadeloupe) et de *Saint-Pierre* (Martinique) qui ont 15 000 et 17 000 habitants. Ce sont les principaux centres du commerce et des relations des Antilles avec la France et le reste du monde.

Commerce des Antilles françaises. — L'ensemble du commerce extérieur des deux Antilles, sensiblement égal pour chacune d'elles, est de 90 à 100 millions, dont un peu moins de la moitié pour les exportations. Les exportations consistent pour les 17 vingtièmes en **produits de la canne**, et, grâce aux avantages que fait le régime douanier de la métropole aux produits de ses colonies, c'est **vers la France** que sont dirigés les 19 vingtièmes de ces exportations.

Pour les *importations* au contraire, *plus de la moitié vient d'autres pays que la France :* principalement de l'*Angleterre* pour les tissus et la houille, des **États-Unis** pour les farines et les viandes conservées, du *Canada* et de *Saint-Pierre-Miquelon* pour les poissons séchés. Comme la Martinique et la Guadeloupe sont obligées de faire venir du dehors ce qui est nécessaire à l'alimentation de leur population, elles trouvent avantage à le demander aux pays les plus rapprochés : aux *Antilles anglaises voisines*, et surtout aux **États-Unis**.

Nantes et **Saint-Nazaire** ont eu autrefois le monopole presque exclusif des rapports de la France avec les Antilles. *Bordeaux* et *Marseille* leur font concurrence aujourd'hui. Mais c'est toujours par Saint-Nazaire que le *voyage* en paquebots-poste est le *plus court :* 12 jours, au lieu de 13 par Bordeaux et de 17 par Marseille. Les lignes postales françaises qui desservent la Guadeloupe et la Martinique poussent au delà, d'une part vers la Nouvelle-Orléans (États-Unis) et la Vera-Cruz (Mexique), par Saint-Thomas (Antilles danoises) et la Havane (Cuba); d'autre part vers Colon et l'isthme de Panama par la Guayra (Venezuela) et Cartagena (Colombie).

II. — GUYANE

La Guyane en général. — La Guyane, en général, est la vaste contrée de l'Amérique du Sud, qui se trouve comprise *entre l'Orénoque et le fleuve de l'Amazone*, et que limitent, dans l'intérieur du continent, les rivières par lesquelles les eaux de ces deux grands réseaux hydrographiques *communiquent naturellement* les unes avec les autres.

Ce vaste territoire, compris *entre l'équateur et le 10° degré de latitude nord*, est partagé aujourd'hui entre **deux États américains**, les *États-Unis du Venezuela* et les *États-Unis du Brésil*, et **trois puissances européennes** : l'*Angleterre*, les *Pays-Bas* et la *France*.

C'est une **région naturelle** au double point de vue *géologique et climatérique*. Au point de vue géologique, parce que *l'espèce d'île* que l'Orénoque et l'Amazone enveloppent est constituée essentiellement par des *roches cristallines anciennes*, recouvertes de stratifications alternantes de *grès* et d'*argiles rouges très ferrugineuses*, analogues à celles de Madagascar. Sur le pourtour, sur les rives des deux fleuves et les côtes de l'Océan, le **Massif central** est environné de *zones alluvionnaires basses* et relativement *peu larges*.

Au point de vue climatérique, parce que tout entière comprise dans la **zone équatoriale**, elle est soumise, dans toute son étendue, au régime des *chaleurs égales* et des *pluies intenses* : c'est une **immense forêt vierge**.

Limites et superficie de la Guyane française. — Dans cet immense périmètre, la *Guyane française* n'occupe qu'une *étendue relativement restreinte*, bien que sa surface soit de 79 000 *kilomètres carrés*. La carte, la donnant à la même échelle que la

France, dans la même collection, on peut aisément se rendre compte à première vue que cette colonie a une superficie à peu près égale à *un septième de celle de la France*. Elle est comprise entre la *Guyane hollandaise* à l'ouest et la *Guyane brésilienne* au *sud-est*. Elle est séparée de la première par la rivière **Maroni** et ses affluent et sous-affluent l'*Aoua* et l'*Itani*; de la seconde, par la rivière **Oyapock**.

Ces deux cours d'eau, qui sont à leurs embouchures séparés par environ 300 *kilomètres de côtes*, sont *très rapprochés à leurs sources;* tous deux la prennent dans les hauteurs de **Tumuc-Humac**, qui n'ont que de 500 à 800 mètres d'altitude, mais qui dominent tout l'ensemble du *vaste dos de pays boisé* formé par l'ensemble des Guyanes. Ainsi, la Guyane française va en s'*amincissant de la côte vers le haut pays*, mais sans y pénétrer aussi profondément que la Guyane anglaise : c'est une sorte de *tranche côtière*, découpée dans la vaste masse des Guyanes, sur une *profondeur* qui dépasse à peine 400 *kilomètres*.

Le territoire contesté. — Il faut ajouter qu'à côté de ce territoire, dont la propriété pour la France n'est sujette à aucune contestation, s'en trouve un au moins aussi étendu, peut-être même plus étendu, qui forme un objet de *contestation entre le Brésil et la France*.

C'est *sous Henri IV* que nous avons pris possession de la Guyane, et c'est au milieu du dix-septième siècle, sous l'administration de **Colbert**, qu'y ont été faites les *premières tentatives sérieuses de colonisation*. A cette époque, on considérait que la *côte* nous appartenait *tout entière, entre le Maroni et l'Amazone*.

Mais les **Portugais**, dès les dernières années du dix-septième siècle, firent des *établissements sur la rive septentrionale de l'Amazone;* il y eût dès lors des contestations avec eux, qui durèrent jusqu'au *traité* *d'Utrecht* (1713), à la fin de la guerre de la Succession d'Espagne, qui fixa les limites des territoires français et brésilien, à la **rivière de Vincent-Pinçon.**

Le différend eût été réglé si l'on eût su exactement quelle était la rivière, située au nord de l'Amazone, à laquelle il fallait donner le nom de Vincent-Pinçon, celle où avait abordé le premier navigateur européen qui visita les côtes de la Guyane. Mais tandis que les Portugais prétendirent, et après eux les *Brésiliens,* que c'était l'**Oyapock,** les gouverneurs français de Cayenne soutenaient que c'était l'**Araguary** ; et, en effet, à l'embouchure de ce fleuve, furent retrouvées, vers 1723, les *bornes de marbre* posées par *Charles-Quint* entre ses possessions et celles du Portugal. Jusqu'en 1792, nous fîmes acte de souveraineté sur toute la côte comprise entre l'Oyapock et l'Araguary.

Le Portugal fit de nouveau valoir ses prétentions à la faveur des *guerres de la Révolution ;* mais le *traité d'Amiens* (1802), nous reconnut officiellement la *possession de la rive gauche de l'Araguary.* En 1809, les Anglo-Portugais ayant occupé Cayenne, le *traité de Paris* ordonna (mars 1814) que la Guyane nous serait restituée *telle qu'elle était en* 1792. Le Portugal ne se décida à exécuter ce traité qu'en 1817, mais en maintenant ses *prétentions* sur le pays *entre l'Oyapock et l'Araguary.* **Le Brésil s'affranchit du Portugal en 1820,** et, après de longs différends avec lui, pendant lesquels nous avions établi un poste à *Mapa,* en 1836, on revint, par un traité conclu en 1841, au *statu quo* résultant du *traité d'Utrecht :* il n'était dès lors officiellement permis, ni à la France, ni au Brésil, d'occuper le territoire contesté.

C'était, de notre part, une *reculade* qui encouragea la *hardiesse des Brésiliens :* dès 1841 ils établirent sur la rive gauche de l'Araguary la *colonie militaire de Pedro II* et, en 1860, le territoire environnant fut officiellement annexé au Brésil. Depuis, des *entre-*

prises françaises et brésiliennes ont eu lieu sur le territoire contesté, et leur contact a donné lieu à des *incidents politiques et militaires*, qui ont rendu nécessaires des *négociations diplomatiques*, destinées à mettre enfin un terme au différend qui sépare la France du Brésil. Il est actuellement soumis à un arbitrage.

État misérable de la Guyane française. — Si l'on jugeait l'importance de la contestation sur le territoire, entre l'Oyapock et l'Araguary, d'après la place que tient la Guyane dans l'ensemble de nos entreprises coloniales, *on serait tenté de s'en désintéresser* et de souhaiter que, les droits de nos nationaux étant respectés, on ne lésinât pas sur les concessions pour arriver à une entente avec le voisin.

La Guyane est, en effet, une colonie misérable, non par la faute de la nature qui lui a prodigué ses dons, *mais par celle des Français.* Une géographie de la Guyane met perpétuellement en contraste les richesses naturelles du pays et le peu de parti que nous en avons su tirer, tandis que *l'Angleterre* et la *Hollande* établissaient, à côté de nous, des *colonies très prospères.*

Divisions naturelles de la Guyane. — Les divisions naturelles de la Guyane française sont nécessairement les mêmes que celles de la région tout entière, dont elle n'est qu'une partie.

D'abord une **côte basse et marécageuse,** presque rectiligne, bordée de *palétuviers* dont les racines découvrent à marée basse et forment, au milieu des vases, une série infinie d'arceaux tristes et monotones.

Derrière ce rideau, la zone des **terres basses,** formées *d'alluvions récentes,* encore à demi noyées sous les eaux, mais *prodigieusement riches,* pour peu qu'elles soient drainées et asséchées.

Puis, les **terres moyennes,** formées elles aussi

d'*alluvions*, mais moins récentes et caractérisées par l'alternance des *forêts marécageuses* sur le bord des cours d'eau, et des *savanes* sur les légers dos de pays qui échappent aux inondations.

Enfin, les **terres hautes** du **plateau central**, avec leurs couches superficielles d'argile, toutes couvertes de forêts vierges, et *profondément entaillées* par les cours d'eau, dont les flots limoneux vont déposer dans la région basse des *masses énormes d'alluvions*.

Les cours d'eau. — Ces cours d'eau sont naturellement *très nombreux*, et leur volume correspond à l'*abondance des pluies équatoriales*.

Ils forment d'ailleurs les *seules voies de pénétration* qui, *à travers l'immense forêt vierge*, permettent l'accès du haut pays. Malheureusement, comme on peut le remarquer sur la carte, la plupart sont *coupées de rapides* et de chutes nombreuses : **Maroni**, *Mana*, *Sinnamary*, *Approuague*, **Oyapock**, tous se trouvent dans des conditions identiques, fondées sur un trait essentiel du relief de la région ; au-dessous de la couche d'argile superficielle, tous rencontrent sur le roc une série de *plissements parallèles à la côte*, et qui forment autant de *barrages*.

Le climat. — Le climat de la Guyane française est celui de tous les pays situés dans le *voisinage immédiat de l'équateur* : il est *uniformément chaud*, le thermomètre ne descendant qu'exceptionnellement au-dessous de 26° centigrades et ne montant que rarement au-dessus de 30°. La *pression atmosphérique* y est aussi *remarquablement uniforme* pendant toute la durée de l'année : le baromètre oscille entre 0,758 et 0,762 ; aussi les *ouragans* y sont-ils *inconnus*.

Ce qui marque les saisons, c'est la **pluie** : il y a *deux saisons de pluie*, séparées par *deux saisons sèches inégales*, une courte en février et mars, une longue de juillet à novembre. La *principale saison des pluies*

est le trimestre d'*avril, mai, juin*. En somme, il y a
en moyenne 250 *jours de pluie* par année, tantôt des
torrents d'eau, tantôt une fine poussière humide qui
tombe sans cesser ; le tout donne pour chaque année
une couche moyenne d'eau qu'on peut évaluer à
3 mètres pour les pays côtiers et à 2 pour l'intérieur.
Pendant les sécheresses, les herbes sèchent et les
savanes jaunissent sous le soleil ; mais la **forêt vierge**
abrite contre l'évaporation les énormes provisions
d'humidité qu'elle a faites pendant les pluies et elle
en nourrit imperturbablement sa *luxuriante végétation*.

Tel qu'il est, ce climat est *très anémiant pour les
blancs :* une hygiène très rigoureuse, un régime à la
fois sobre et fortifiant y sont nécessaires pour pré-
server la santé ; encore sont-ils souvent incapables
de se protéger contre la *fièvre jaune* qui, dans les
terres basses et marécageuses de la Guyane, règne
à l'état endémique, comme dans tous les pays analogues de l'Amérique intertropicale. A l'époque où
il y avait des colons européens en Guyane, ils travail-
laient sur les collines et non dans les parties basses.

Les aptitudes agricoles de la Guyane.—
L'agriculture n'existe pas ou plutôt *n'existe plus* en
Guyane : lorsqu'il s'agit d'elle, il faut parler de ce
qu'elle a produit et de ce qu'elle pourrait encore
produire plutôt que de ce qu'elle produit. Toutes les
plantes des pays tropicaux y poussent, et nombre
de plantes européennes peuvent être acclimatées.
Parmi les *cultures alimentaires possibles*, il faut citer
le *maïs*, le *millet*, l'*igname*, la *patate*, la *banane*, le *riz*,
le *manioc*. Aucune de ces plantes n'est cultivée sérieusement : *l'usage de la charrue est inconnu* dans la
Guyane.

Le **manioc** fournit une farine qui est la nourriture principale des indigènes ; on est obligé
d'en faire venir du Brésil. Les *légumes* d'Europe

pourraient parfaitement pousser à Cayenne ; *on n'y consomme que des conserves.* Le *café* n'existe plus que dans les plantations de l'administration pénitentiaire qui en possède environ 40 000 pieds ; les *épices* qui, après leur introduction dans la colonie, y avaient donné de magnifiques produits, principalement le *clou de girofle*, sont retournées à l'état sauvage.

Les cultures industrielles sont dans le même état que les cultures alimentaires. La **canne à sucre** *a réussi admirablement autrefois ;* elle était, il y a cinquante ans, la principale culture dans les riches alluvions du bas pays ; plus de trente sucreries existaient alors dans la colonie et occupaient plus de 4 000 nègres ; elles ont toutes disparu.

Le *coton* vient à l'état sauvage dans la Guyane et peut réussir partout en donnant des bourres d'une qualité supérieure ; seuls des Indiens le cultivent aujourd'hui au fond de leurs forêts.

Le *tabac* est également indigène dans la Guyane : il pousse dans les rues de Cayenne avec les mauvaises herbes ; et la colonie est obligée d'importer celui qu'elle consomme ; l'administration pénitentiaire seule a conservé quelques plantations de *tabac.*

Il y a eu aussi autrefois des tentatives heureuses pour l'*élevage des vers à soie* auxquels conviennent les feuilles de beaucoup d'arbres des forêts. Tout cela aussi a disparu. Il ne reste plus que quelques plantations de *cacaoyers* et de *rocou ;* le rocou fournit une belle *teinture rouge,* celle-là même dont les Indiens se servent pour enluminer leur visage.

L'or. — La principale cause du dépérissement où sont tombées toutes les cultures et toutes les industries agricoles de la Guyane est la *présence de l'or* dans le sol du haut pays.

Découvert en 1854, l'or a achevé l'œuvre de ruine commencée par l'abolition de l'esclavage (voir plus bas). Depuis lors, *toutes les forces vives de la popula-*

tion ont été absorbées par la recherche de ce métal, sans que, cependant, rien ait été fait pour la rendre régulière et vraiment fructueuse. Les placers sont situés à peu près *à égale distance de la côte et du plateau central*, en pleine forêt vierge, sans moyens de communication faciles et rapides avec les ports : *ils ont fait le vide dans les centres du bas pays*, mais sans avoir la puissance de provoquer l'aménagement des routes, ni celle d'attirer du dehors un courant d'immigration analogue à celui qui, dans ces dernières années, a transformé la République Sud-africaine. Ainsi les riches terres cultivables ont été abandonnées à elles-mêmes, et cependant il ne s'est pas créé une industrie puissante capable d'enrichir réellement la colonie.

On *a épuisé les alluvions des rivières*, et faute de routes, faute même d'une connaissance réelle de la topographie intérieure, on n'est pas en mesure aujourd'hui d'attaquer les *quartz aurifères* dont l'exploitation est difficile et coûteuse et ne peut se faire que par des procédés vraiment industriels, comme sur le Rand transvaalien.

Ainsi, tandis qu'en Californie et en Australie l'or a provoqué la mise en œuvre de *toutes les autres richesses du sol*, agricoles ou minières, le contraire s'est passé dans la Guyane : ni le fer, ni la houille qu'elle renferme ne sont exploités, et l'agriculture y est morte.

Les populations de la Guyane. — Ce qui achève de rendre pitoyable la situation dans laquelle se trouve la Guyane française, c'est qu'elle ne possède pas dans ses populations actuelles les éléments d'une transformation : *elle manque de bras et l'émigration ne lui en apporte pas*. Au recensement de 1895, le chiffre total de sa population était de 22 000 habitants, *en diminution* de 1 300 sur le recensement précédent. *Toutes les communes étaient en* *décroissance*, sauf Cayenne, Sinnamary, Mana, le Maroni et l'Oyapock.

La population de la Guyane se compose de *trois éléments principaux :* les **Indiens** ou Américains proprement dits, les **Européens**, les **Africains**, descendant des nègres importés comme esclaves par les Européens pour le travail servile.

Les Indiens. — Les Indiens ont progressivement *reculé* à travers la forêt jusqu'au plateau central qui forme l'extrémité méridionale de la colonie : *Émerillons, Roucouyennes* ou *Oyampis*, ils se rattachent tous obstinément à la *vie sauvage*, et reculent devant le travailleur nègre ou blanc que la recherche de l'or attire jusqu'au seuil des hautes terres.

Les Européens. — Les Européens sont en *nombre infime*. Le groupe le plus important est celui des **déportés**; celui des **fonctionnaires** vient après. *Quelques commerçants* à Cayenne, *quelques directeurs de placers*, et parmi eux moins de Français que d'Anglais et d'Américains, voilà tout ce qu'il y a de blancs en dehors des deux groupes précédents.

C'est depuis 1852 que la Guyane est devenue une **colonie pénitentiaire**. Elle avait déjà reçu des condamnés et des suspects politiques en 1798, puis en 1851, lorsqu'elle fut affectée, en 1852, au transport des forçats ; *elle fut notre seule colonie pénale jusqu'en 1864*. A cette date, la Nouvelle-Calédonie ayant été désignée pour remplir la même fonction, la Guyane ne reçut presque plus que les forçats arabes ou nègres.

Depuis 1887 elle a été affectée aux *forçats condamnés à plus de huit années de peine*, et qui doivent y demeurer comme libérés à leur sortie du bagne. Elle continue en outre de recevoir tous les condamnés arabes et noirs : on y envoie *en moyenne un millier de forçats tous les ans*. Enfin, comme la Nouvelle-Calédonie, elle reçoit depuis 1885 des *récidivistes*.

Forçats et récidivistes sont répartis entre quatre groupes d'établissements pénitentiaires : ceux de **Cayenne**, de *Kourou*, des *îles du Salut*[1], du **Maroni**, dont le principal est à *Saint-Laurent*.

Outre les *ateliers industriels* qui doivent servir à leurs besoins, ces pénitenciers, à l'exception des îles du Salut, possèdent des *exploitations agricoles* dont plusieurs sont installées sur d'anciennes propriétés particulières : on y cultive le *café* (Cayenne, Kourou), le *cacaoyer* (Kourou), le *manioc* (Kourou), la *canne à sucre* (Saint-Laurent) ; on y *élève des bestiaux* dans les savanes avoisinantes (Kourou, Saint-Laurent). Une *usine à sucre* travaille la canne des plantations de Saint-Laurent ; des *chantiers forestiers* dépendent de Cayenne et de Saint-Laurent. Les principales exploitations agricoles sont celles de **Saint-Laurent** où des concessions ont été accordées à des forçats libérés, et forment un village qui est, après Cayenne, la localité la plus importante de la Guyane. L'état de ces concessions est d'ailleurs, la plupart du temps, très médiocre.

Les nègres. — Lorsque, par opposition aux blancs, on parle des *indigènes* de la Guyane, il faut comprendre qu'il s'agit des *noirs*, bien que ceux-ci descendent des esclaves importés d'Afrique avant la Révolution et que, à proprement parler, les vrais indigènes soient les Indiens.

Ce sont les noirs qui, sur la côte où se trouvent les *principaux groupes de population*, en forment réellement le fond. C'est seulement à l'époque où Colbert fit passer la Guyane sous l'administration directe de la couronne, que des nègres de Guinée y furent importés. Il y en avait 1 500 en 1685 ; — vers 1730 on comptait 5 000 esclaves noirs et 2 000 mulâtres ; il est vrai qu'il y avait aussi 1 200 blancs, vingt fois

---

1. Ile Royale, ile Saint-Joseph, ile du Diable.

plus qu'aujourd'hui; — en 1789, il y avait, à côté de 2 000 Français, 2 000 mulâtres libres et 12 000 esclaves nègres.

Ces nègres furent émancipés en 1794 et, du même coup, *les colons furent ruinés.* L'esclavage fut rétabli en 1802, mais alors, bon nombre des anciens esclaves se réfugièrent *dans l'intérieur* du pays, où ils vécurent à peu près de la vie dont leurs pères ou eux-mêmes avaient vécu de l'autre côté de l'Atlantique : leurs descendants forment aujourd'hui les *tribus nègres des Bonis.*

La *traite* recommença donc et, en 1836, lorsqu'elle fut supprimée, il y avait de nouveau de 12 à 14 000 esclaves noirs en Guyane. *En 1848, l'esclavage fut* pour la seconde fois et *définitivement aboli :* les *plantations,* qui languissaient depuis la suppression de la traite, *furent ruinées* comme cinquante ans auparavant. Les planteurs essayèrent vainement de lutter en *important des travailleurs libres.*

De 1854 à 1859, on recruta près de 2 000 *nègres* sur les côtes de Guinée. Ce recrutement ayant été interdit en 1861, on s'adressa à l'Inde anglaise et, de 1856 à 1877, on fit venir près de 8 500 *coolies hindous,* mais, en 1877, l'Angleterre interdit l'engagement de travailleurs hindous pour la Guyane ; alors on essaya des *Annamites* et même on introduisit quelques *Chinois* recrutés à la Martinique. Mais cette très faible immigration n'a pas suffi pour enrayer la *ruine de l'agriculture,* surtout en présence de la *fièvre de l'or* qui attirait vers les placers tous les hommes valides. D'ailleurs, le gouvernement général de l'Indo-Chine ne laisse plus engager de travailleurs annamites, pas plus pour la Guyane que pour la Nouvelle-Calédonie.

Principaux centres de population. — Le principal centre de population de la Guyane est la capitale **Cayenne,** qui possède à elle seule les trois cinquièmes des habitants du pays ; viennent ensuite les établissements pénitentiaires, puis *Sinnamary* et *Mana*, qui ont environ 1500 habitants ; Roura, Approuague, Macouria, Oyapock sont ensuite les principales communes, mais la population y est *extrêmement disséminée*.

Commerce de la Guyane. — Deux éléments seulement contribuent à entretenir le faible commerce de la Guyane : les *besoins de l'administration pénitentiaire, l'exploitation des placers*. Presque toutes les affaires sont concentrées à Cayenne ; *Saint-Laurent-du-Maroni* doit quelque activité aux établissements pénitentiaires.

A l'*exportation*, en dehors de l'or, il n'y a presque rien à citer, à l'exception d'un peu de cacao et de rocou, de quelques peaux, des bois d'ébénisterie, et des *phosphates* qui fournissent du lest aux navires, mais représentent très peu de valeur sous un très gros volume : l'ensemble des objets exportés représente une valeur de près de 5 millions, auxquels il en faudrait probablement ajouter encore 1 ou 2 pour l'or qui sort en fraude.

L'*importation* se compose de tous les objets nécessaires à un pays où l'industrie et l'agriculture sont également nulles. Presque tout vient de France, et les *produits alimentaires*, viandes salées, conserves, fromages, pommes de terre, vins, liqueurs, représentent la moitié environ de la valeur des importations, qui sont de 11 millions de francs, dont 7 1/2 pour les provenances de France. Après la France, la Guyane hollandaise, les Antilles françaises, les États-Unis et le Brésil sont les principaux fournisseurs de la Guyane.

III. — NOUVELLE-CALÉDONIE

Possessions françaises dans le Pacifique. — Les archipels polynésiens. — Dans l'océan Pacifique, la France possède la **Nouvelle-Calédonie** et ses dépendances, et, plus loin, vers l'est, les archipels des îles *Tahiti*, *Marquises*, *Touamotou* et *Gambier*. Ces derniers sont à la fois trop largement dispersés et trop peu importants pour qu'on ait cherché à les faire figurer sur les cartes murales des colonies, où l'espace se trouve si parcimonieusement mesuré. On les trouvera aisément sur n'importe quelle carte du Pacifique. Qu'il nous suffise de dire que, comme les autres archipels polynésiens, ce sont des *îles madréporiques*, dont le sol est *très fertile* et le *climat exquis*.

La population indigène, dans toutes les îles qui appartiennent à la France, ne dépasse pas le chiffre de 30 000 âmes, dont 12 000 pour les seules îles de **Tahiti** et de **Mooréa**. Les Européens sont au nombre d'environ 5 000.

Les principales productions sont les **huîtres à nacre et à perles**, pêchées dans les lagunes qui environnent les îles ; le *coprah*, qui n'est autre chose que la noix desséchée des cocotiers et que produisent surtout les îles Touamotou ; peu de *coton*, mais de qualité supérieure ; de la *vanille*, des *oranges* et du *café*.

Malheureusement *la France reste presque étrangère au commerce de ces colonies lointaines ;* elles ne sont reliées à la métropole par aucun service de navigation régulier, et le pavillon commercial français paraît rarement dans ces parages : en 1894, on n'a vu qu'un seul navire français à Tahiti.

Au contraire, les gouvernements de la *Californie*

(États-Unis) et de la *Nouvelle-Zélande* subventionnent des services mensuels réguliers entre Tahiti et les ports de San-Francisco et d'Auckland. Aussi le commerce de ces îles françaises se fait-il presque exclusivement *avec les pays étrangers :* **États-Unis**, *Nouvelle-Zélande*, Allemagne, Angleterre, Chili.

En 1894, les *importations* ont atteint une valeur de 2 500 000 francs, dont 400 000 seulement pour la France ; de même pour l'*exportation*, où la part de la France n'a été que de 400 000 francs sur un total de 3 100 000 francs. Ce régime est d'autant plus déplorable que le principal objet exporté par ces îles, la *nacre de perle*, est surtout travaillée en France, et que nos industriels, au lieu de s'en approvisionner directement, sont obligés d'aller l'acheter à Londres ou à Hambourg.

La Nouvelle-Calédonie. — Notre possession de la Nouvelle-Calédonie est bien plus importante que celle des archipels polynésiens. Cette île, que la carte donne à la même échelle que la France, est, comme on peut s'en rendre tout de suite compte, grande environ *deux fois comme la Corse.* Elle est située sur la lisière méridionale de la zone intertropicale, tout près du tropique du Capricorne, et par une latitude moyenne de 163° E, c'est-à-dire tout près du 180° méridien, qui est, dans l'autre hémisphère, la contrepartie du méridien de Paris. Si donc la Nouvelle-Calédonie n'est pas tout à fait aux *antipodes de la France*, il s'en faut d'assez peu : elle est à celles des côtes septentrionales du Sénégal.

De forme très allongée (300 kilomètres de longueur sur 50 de largeur), elle est orientée du nord-ouest au sud-est *parallèlement aux côtes de l'Australie*, dont elle est distante à l'est de 2 400 kilomètres environ.

Situation de la Nouvelle-Calédonie. — Elle appartient à la longue série de presqu'îles et d'*îles volcaniques* qui, depuis l'Alaska jusqu'à la

Nouvelle-Zélande, entouré d'une *ceinture presque ininterrompue* les grandes masses *du continent asiatique et du continent australien;* dans cette série, elle forme l'intermédiaire entre les îles beaucoup plus étendues de la *Nouvelle-Guinée* et de la *Nouvelle-Zélande,* dont elle est à peu près à la même distance que de l'Australie. Avec elles, elle détermine autour de l'Australie une large mer côtière, à laquelle *l'abondance des récifs madréporiques* a valu au nord du tropique du Capricorne le nom de *mer des Coraux.*

Comme le montre la carte, d'autres îles plus petites s'alignent dans le prolongement de la Nouvelle-Calédonie : à son extrémité sud-est, l'*île des Pins;* à son extrémité nord ouest, les îles *Bélep,* et, plus loin encore, hors du cadre de la carte, les îles *Huon* et *Chesterfield,* qui appartiennent aussi à la France et possèdent de petits *dépôts de guano.*

Parallèlement à ce long alignement de 1 000 kilomètres environ de longueur sont disposées du côté du nord-est, à une distance de 80 kilomètres, les **îles Loyauté,** *Maré, Lifou, Ouvéa,* prolongées encore dans la direction du nord-ouest par les *récifs de l'Astrolabe.* Ces deux alignements parallèles forment l'ensemble des possessions françaises auquel s'attache le nom de la Nouvelle-Calédonie.

Structure de la Nouvelle-Calédonie. — Comme toutes les îles de la série à laquelle elle appartient, la Nouvelle-Calédonie a un *relief extrêmement accidenté.* A l'extrémité nord et du côté du nord-est, les *roches primitives* et *primaires* dominent: gneiss et schistes anciens enveloppant la *vallée longitudinale du Diahot.*

Du côté du sud-ouest, le fond de la structure de l'île est au contraire constitué par des *terrains sédimentaires,* parmi lesquels se trouvent, chose très importante pour l'avenir de l'île, des **terrains carbonifères.**

Mais ce qui a donné son *trait essentiel* à la physionomie de la Nouvelle-Calédonie, c'est que, à travers et par-dessus les roches anciennes et les roches sédimentaires qui en forment l'ossature, se sont épanchées sur des surfaces énormes, couvrant un bon tiers de l'île, des **roches éruptives**, parmi lesquelles domine la *serpentine*. Par là, sans renfermer aucun volcan, la Nouvelle-Calédonie prend nettement sa place dans *l'immense chapelet d'îles volcaniques* qui enveloppent les côtes orientales de l'Asie et de l'Australie. Les épanchements de serpentine commencent à l'extrémité nord et, sur la côte occidentale, traversent l'île en biais, en formant des masses de plus en plus étendues, et, après avoir atteint la côte orientale, finissent par *couvrir toute l'extrémité méridionale.*

Le relief de la Nouvelle-Calédonie est, dans une très large mesure, en rapport avec la nature géologique de son sol. Il n'y a, à proprement parler, de *chaînes de montagnes que dans la région ancienne du nord;* là on en distingue deux parallèles, séparées par la vallée du Diahot.

Dans le centre, les roches éruptives ont déterminé l'existence de *massifs isolés ou enchevêtrés*, et elles finissent par former au sud un *plateau* dominé par le *mont Humboldt* (1634 mètres); le long de la côte sud-ouest, les terrains sédimentaires forment une *zone assez large de collines et d'ondulations*, dont le faible relief contraste avec les altitudes qui bordent immédiatement la côte du nord-est. Le tout forme un ensemble des plus accidentés, et que l'on a comparé justement aux *Cévennes*, si elles étaient isolées du reste de la France de manière à former une île.

Les coraux. — La carte montre très nettement de chaque côté de la Nouvelle-Calédonie **deux lignes de récifs** qui, depuis l'île des Pins, accompagnent à une certaine distance les côtes de la grande terre et se prolongent vers le nord-ouest, de part et d'autre des îles Bélep, et, hors du champ de la carte, de part et d'autre des îles Huon.

Ces récifs sont des coraux, analogues aux récifs de la *Grande barrière* qui accompagnent en Australie les côtes de l'État de Queensland; et, après ceux-ci, ce sont *les constructions madréporiques les plus étendues que l'on connaisse sur la surface du globe.*

Percés de *passes* qui donnent accès aux navires, les coraux de la Nouvelle-Calédonie ménagent entre eux et la côte une *bande de mer* dont la largeur varie de 10 à 30 kilomètres et la profondeur de 40 à 90 mètres, et où les *eaux sont toujours calmes*. Il y a ainsi tout autour de l'île comme une **vaste rade circulaire** qui facilite les communications par bateau entre tous les points des côtes.

Outre les récifs qui entourent la grande terre, l'*île des Pins* et les *îles Loyauté* sont tout entières formées de *roches madréporiques :* ce sont des coraux morts que les mouvements de l'écorce terrestre ont fait émerger au-dessus de la surface des eaux.

Climat de la Nouvelle-Calédonie. — Le climat de la Nouvelle-Calédonie est caractérisé par deux faits : d'abord *la prédominance du vent alizé du sud-est*, qui rencontre l'île à l'extrémité septentrionale de son domaine et souffle sur elle pendant plus des deux tiers de l'année ; ensuite *l'alternance entre une saison sèche et une saison pluvieuse.*

La saison des pluies correspond à l'été de l'hémisphère austral ; comme pour tous les pays situés entre les tropiques, c'est au moment de l'année où le soleil atteint le zénith que la précipitation atmosphérique est le plus abondante. Dans la Nouvelle-Calédonie, les *pluies* durent en général *de décembre à avril.*

C'est aussi la saison où l'alizé du sud-est souffle avec

le moins de constance ; il n'en est pas moins capable *d'empêcher la température d'être étouffante* comme cela arrive à l'époque des pluies pour la plupart des autres pays tropicaux : *le thermomètre ne dépasse en effet jamais 30 degrés centigrades.*

Malheureusement c'est aussi la saison où, une sorte de *mousson du nord-ouest* s'établissant sur l'île et y rencontrant l'alizé du sud-est, il se produit, comme sur toutes les limites des grands mouvements de l'atmosphère, des *cyclones* dont les effets sont souvent terribles. Ils sont cependant moins fréquents dans la Nouvelle-Calédonie qu'aux Antilles ou dans les îles Mascareignes.

Pendant l'hiver de l'hémisphère boréal, l'alizé reprend toute sa force ; *les pluies sont plus rares et moins abondantes* ; il y a même quelquefois de véritables sécheresses ; *la température est beaucoup plus basse* ; sur le bord de la mer et à plus forte raison sur les hauteurs, il y a des nuits véritablement fraîches, où *le thermomètre descend à 7° au-dessus de zéro.*

Ce climat, tel qu'on vient d'en dire les grandes lignes, est un **climat extrêmement salubre**, et tout à fait **favorable à la colonisation européenne.**

On doit observer que, dans le langage usuel de la Nouvelle-Calédonie, l'expression *d'hivernage* s'applique non pas à la saison sèche et fraîche qui coïncide avec l'hiver de l'hémisphère austral, mais à la *saison chaude et pluvieuse*, qui astronomiquement est l'été de l'hémisphère austral. C'est que cette saison est celle où *le travail est interrompu*, comme pendant l'hiver des pays tempérés.

Richesses du sol calédonien. Les mines. — La première richesse reconnue du sol de la Nouvelle-Calédonie est sa *richesse minière*. On peut dire qu'un tiers de l'île n'est qu'**un bloc de minerais** d'une richesse remarquable. On y trouve de l'or, de l'argent, du **cuivre**, du plomb, du zinc, du *fer*, du *chrome*, du *cobalt*, du **nickel**, de l'antimoine, du manganèse et de la **houille**.

Pour ne parler que des principaux minerais, l'or et le **cuivre** se trouvent surtout dans les terrains primitifs du nord (vallée du Diahot); le **nickel**, le *chrome*, le *cobalt* et le *fer* dans les masses serpentineuses de l'est (**Canala**) et du sud ; la **houille** enfin se trouve dans les terrains sédimentaires de l'ouest et du sud (*Dombéa*, près de Nouméa).

C'est l'*or* qui a été le premier exploité dans la vallée du Diahot ; on ne tarda pas à s'apercevoir que les filons en étaient assez pauvres ; mais, en attirant les mineurs, ils ont fait découvrir le **cuivre**, dont les gisements sont très riches. La principale mine de cuivre est celle de *Balade*, près de Ouégoa. Malheureusement l'état du commerce du cuivre, depuis une douzaine d'années, en a fait suspendre l'exploitation.

Nulle part au monde, peut-être, *il n'y a de minerais de fer aussi abondants* qu'en Nouvelle-Calédonie ; bien que l'Australie en manque et leur offre un débouché naturel, ils sont encore peu exploités, à l'exception des minerais de *fer chromé* du sud.

Le *cobalt* abonde aussi dans les formations serpentineuses : les mines principales se trouvent le long de la côte orientale, entre Touho et Canala. La Nouvelle-Calédonie *fournit les deux tiers* de ce que le monde consomme d'oxyde de cobalt; mais l'abondance même de cette production, en abaissant le prix du cobalt, a créé des difficultés à l'industrie de ce métal : l'usine où on le travaillait à Nouméa a dû être fermée.

Une crise analogue est traversée par le **nickel** qui, depuis une vingtaine d'années, était devenu *le produit principal de la Nouvelle-Calédonie*. Les principaux centres d'exploitation sont à Houaïlou,

Canala et Thio. Tous sont exceptionnellement riches et l'île renferme beaucoup d'autres gisements. Leur production a été tellement abondante que, de 1878 à 1887, la consommation du nickel affiné dans le monde est passée de 400 tonnes, fournies par la Norvège et l'Allemagne, à 3000, dont 2600 fournies par notre colonie. Cette production a été le résultat d'une sorte de *fièvre du nickel*. Puis la valeur du produit a baissé : elle est tombée pour le nickel affiné de 12 francs le kilogramme en 1880, à 4 francs en 1894 ; la spéculation s'en est mêlée et a déjà produit en Nouvelle-Calédonie une série de crises financières et minières, aggravées depuis 1888 par la *concurrence du Canada*.

Les mines de cuivre, de cobalt et de nickel en Nouvelle-Calédonie ont supporté d'autant plus difficilement ces crises, que jusqu'à ces dernières années la **houille** n'était pas exploitée dans l'île ; il fallait ou bien exporter les minerais bruts, ou bien faire venir d'Australie le charbon nécessaire aux mines où on les travaillait. Cette situation est sur le point de changer. Les bassins houillers de **Nouméa** et de *Térembu* ont été reconnus et leurs produits expérimentés : ils constituent un des gages essentiels de la fortune de l'île. Elle pourra non seulement fournir à notre marine de guerre les approvisionnements que celle-ci a été obligée jusqu'aujourd'hui de demander à l'Australie ; mais elle traitera elle-même ses minerais à bon compte et pourra, à côté de l'industrie du cobalt, du cuivre et du nickel, créer une grande industrie du fer, pour laquelle les États australiens sont un marché assuré.

L'agriculture. — En même temps que la Nouvelle-Calédonie possède dans son sol les ressources nécessaires pour devenir un grand pays minier, et lutter avantageusement dans le domaine de la métallurgie contre la concurrence universelle,

elle peut devenir une colonie agricole très importante, et c'est dans ce sens que la crise des métaux oriente actuellement la colonisation.

Ce n'est pas que la surface utilisable pour la culture y soit très considérable. Les *deux tiers* de l'île environ ne se composent que de *terrains miniers,* qui sont ou incapables d'aucune végétation, comme les énormes amas de fer du sud, ou uniquement propres à la *végétation forestière.*

La moitié du dernier tiers est constituée par des *schistes compacts uniquement propres à la végétation des graminées et aux pâturages ;* le reste se partage très inégalement entre des *coteaux* assez étendus, pour lesquels le grand avenir est dans la **plantation des caféiers,** et des fonds de vallées formés d'*alluvions très riches,* mais peu étendus, très disséminés, et très exposés aussi aux ravages des crues et aux inconvénients des sécheresses, tant que les torrents par lesquels s'écoulent toutes les eaux de la Nouvelle-Calédonie n'auront pas été aménagés. Mais, telle quelle, la surface à mettre en valeur n'en est pas moins extrêmement importante, surtout si l'on songe que, contrairement à ce qui se passe dans la plupart de nos colonies, *le travail de la terre peut être fait par des Européens.*

L'élevage. — Des différentes richesses ou aptitudes agricoles de la Nouvelle-Calédonie, une seulement a été exploitée sérieusement jusqu'à présent, et encore d'une manière peu rationnelle. L'élevage **des bœufs** a été, avant même que les mines fussent exploitées, la première industrie de l'île : il y a environ 100000 bêtes à cornes, chiffre qui dépasse de beaucoup les besoins du pays ; aussi s'est-il établi à *Ouaco* une usine de conserves de viande qui exporte annuellement pour un million.

Cet énorme troupeau est *élevé à l'australienne,* bien que le relief très accidenté, l'étendue restreinte de l'île et les aptitudes variées du sol créent en Nouvelle-Calédonie des *conditions naturelles tout à fait différentes de celles de l'Australie*.

Le bétail, mal soigné, a dégénéré, abîmé une partie des forêts de l'île, et, par ses ravages dans les plantations des indigènes, déterminé la grande insurrection de 1878. *Il est donc indispensable que l'élevage calédonien se transforme* et soit compris à la *française*, comme un complément nécessaire de la culture; on doit chercher à utiliser les territoires de pâture non seulement pour les bœufs de boucherie, mais aussi et davantage encore pour les *espèces laitières*, et faire à côté du gros bétail une large place aux *moutons* et surtout aux *chevaux* qui viennent admirablement dans la Nouvelle-Calédonie (il n'y en avait que 3000 en 1890); les pâturages enfin doivent être exactement délimités et protégés par des barrières.

Le café. — Les terres cultivables de la Nouvelle-Calédonie se prêtent à une *assez grande variété de cultures*, qui résulte du relief de l'île et de sa position sur les confins de la zone tropicale et de la zone tempérée. C'est ainsi, par exemple, que la *vigne* peut réussir dans le sud, mais seulement dans le sud, tandis que le *cocotier* ne peut que fructifier dans le nord. L'île peut produire à la fois du blé, du *maïs*, des *haricots*, du coton, de la vanille, de la canne à sucre, du manioc, du tabac; mais au point de vue de l'avenir de la colonisation, il convient de distinguer entre celles de ces cultures qui ne peuvent être destinées qu'à la *consommation locale*, et celles qui peuvent alimenter un *grand commerce d'exportation*.

Parmi les premières, il faut placer celles du *maïs* et des *haricots* qui, dès maintenant, sont les principales de la Nouvelle-Calédonie et suffisent à la consommation des habitants.

La *canne à sucre* donne aussi ce qui est nécessaire

à l'île; mais, dans l'état actuel du commerce des sucres, ne saurait donner lieu à aucune exportation, si ce n'est vers la Nouvelle-Zélande.

La culture du *blé*, du *coton* et du *tabac* a de grands progrès à faire pour affranchir l'île du tribut qu'elle paye actuellement pour son alimentation aux Australies et à la Nouvelle-Zélande.

La culture considérée aujourd'hui comme **la principale culture d'avenir, est celle du café,** objet de consommation universelle, dont la demande s'accroît proportionnellement plus vite que la production, et pour laquelle la Nouvelle-Calédonie disposerait de *trois marchés importants :* les *États-Unis,* à cause de leur consommation énorme et sans cesse croissante ; l'*Australie* et la *Nouvelle-Zélande,* à cause de leur proximité ; la **France** enfin, où les droits de douane sont réduits de moitié sur les produits coloniaux venant des colonies françaises, et où la moitié seulement du café importé arrive actuellement de ces colonies.

Le café peut être pour la Nouvelle-Calédonie ce que la vigne est devenue pour l'Algérie ; aussi, après quelques tâtonnements, cette culture est-elle devenue une de celles à laquelle les colons s'appliquent le plus énergiquement. Comme le fer et la houille, le café n'est inscrit sur la carte qu'en petits caractères parce que la production n'en est pas encore très abondante ; mais, comme le fer et la houille, c'est un des produits sur lesquels se fonde l'avenir de la Nouvelle-Calédonie.

Les indigènes. — Le fond de la population indigène de la Nouvelle-Calédonie appartient à la *race mélanésienne,* noire, crépue, lippue et prognathe (saillie des mâchoires), grêle de membres et mal odorante.

Aux populations mélanésiennes se sont mêlés dans d'assez faibles proportions des *polynésiens,* aux traits plus beaux, au teint clair, aux cheveux lisses, aux membres mieux formés (le beau type des îles Tahiti), qui sont venus de l'est.

Le mélange des deux races est surtout apparent dans les îles Loyauté, et aussi, mais à un moindre degré, dans les riches vallées qui aboutissent à la côte orientale de la grande île ; le type mélanésien est resté plus pur dans les terres pauvres de la côte occidentale.

Ainsi les Néo-Calédoniens, que l'on désigne d'ordinaire sous le nom de *Canaques*, ne présentent *pas partout un type physique uniforme*. Mais les coutumes principales, qui constituent les mœurs, sont partout les mêmes, bien que la moitié environ des Canaques aient été baptisés : groupement en villages ; groupement des villages en tribus sous des chefs tout-puissants, *propriétés collectives de la tribu ;* véritable esclavage des femmes, et, bien que celles-ci soient beaucoup moins nombreuses que les hommes, polygamie des chefs ; sorcellerie, anthropophagie non entièrement disparue.

Vivant dans une île où la faune naturelle était extrêmement pauvre, les Canaques n'ont pu devenir ni chasseurs ni pasteurs. Ils sont surtout *pêcheurs et agriculteurs.* Leur agriculture est assez ingénieuse pour la production des deux farineux qui forment le fond de leur nourriture, l'*igname* et le *taro ;* mais, comme *ils ne savent pas engraisser* la terre, c'est une agriculure nomade, qui, pour chaque tribu, se meut dans de vastes espaces aujourd'hui délimités avec précision. Leurs besoins sont, d'ailleurs très réduits ; ils sont paresseux et préfèrent souffrir de la faim plutôt que de travailler. *La colonisation ne doit attendre des Canaques aucun secours.* Ils reculent progressivement devant elle : il n'y en a presque plus dans le sud de la Grande-Terre, et ils sont d'autant plus denses qu'on s'approche davantage du Nord.

En même temps qu'ils reculent, leur nombre diminue, non seulement à cause du contact avec les blancs qui leur a apporté l'*alcool* et des *maladies nouvelles* comme la phtisie, à laquelle ils succombent en grand nombre, mais aussi à cause de certaines conditions traditionnelles dans lesquelles ils continuent de vivre : la principale est le *petit nombre des femmes* maintenu par des procédés volontaires.

Les indigènes des îles Loyauté sont *très supérieurs* par leur aptitude au travail à ceux de la Grande-Terre ; ce sont surtout des navigateurs : ils émigrent volontiers en Nouvelle-Calédonie pour venir se mettre au service des blancs. Leur nombre est d'environ 12 000 tandis qu'il n'y a que 33 000 Canaques dans la grande île ; et la superficie de leur archipel est de beaucoup inférieure au tiers de la Nouvelle-Calédonie.

L'occupation française et les déportés. Découverte par *Cook* en 1774, visitée peut-être par *La Pérouse* en 1788, reconnue en 1791 par d'*Entrecasteaux* dans le voyage qu'il fit à la recherche de La Pérouse, la Nouvelle-Calédonie où des missionnaires français s'étaient établis en 1840, fut l'objet d'une *première prise de possession française en 1843*.

Celle-ci fut désavouée par le gouvernement de Louis-Philippe, sur les réclamations de l'Angleterre, et la *prise de possession définitive* n'eut lieu *qu'en* 1853, au moment même où une expédition anglaise s'apprêtait à hisser sur l'île le pavillon britannique. *Nouméa* fut immédiatement choisi comme chef-lieu des établissements français, à cause de l'excellence de sa rade tournée du côté de Sydney.

Jointe d'abord à nos autres possessions de l'Océanie, la Nouvelle-Calédonie *ne devint colonie distincte qu'en* 1860. Mais les premières entreprises de colonisation pratique y étaient à peine commencées, qu'elle fut choisie *en* 1863 pour servir concurremment avec la Guyane à la *déportation des forçats :* de 1867 à 1887 elle y servit seule. Depuis, au contraire, en présence des ressources croissantes offertes à la colonisation libre, on n'a plus envoyé en Nouvelle-Calédonie que les forçats condamnés à moins de sept années, et enfin, à partir de 1890, que ceux dont on pouvait espérer un amendement : un quart environ du total depuis 1890.

Il y a eu ainsi 20 000 *forçats environ expédiés en Nouvelle-Calédonie depuis* 1864. Les principaux établissements de l'administration pénitentiaire se trouvent près de Nouméa, dans l'*île Nou* et la *presqu'île Ducos.* Après avoir rendu de véritables services à la colonisation libre pendant les premières années, cette administration lui est devenue un obstacle redoutable à mesure que croissait son importance. Elle a, en effet, multiplié ses établissements dans toute l'île, et *accaparé une grande partie des meilleures terres,* sans obtenir elle-même aucun résultat pratique sérieux, malgré des dépenses énormes, même à *Bourail,* qui est le point principal où des concessions de terres ont été faites à des condamnés. On n'a trouvé un *utile emploi des forçats* qu'à partir du jour où leur main-d'œuvre a été louée aux *entreprises minières.*

Ce n'est d'ailleurs pas tout. La loi veut que tout forçat condamné à moins de huit années soit tenu, après l'expiration de sa peine, de *résider dans la colonie un temps égal à celui de cette peine,* et que tout forçat condamné à huit années et plus *y réside jusqu'à sa mort.* On a ainsi lâché dans l'île une population d'environ **3 000 libérés** qui en très grande majorité n'a *aucune valeur pratique ni morale,* et ne constitue qu'une *charge pour la métropole* en même temps qu'un *danger pour la colonie.*

Enfin, depuis que la loi de 1885 a établi la *relégation pour les* **récidivistes,** la Nouvelle-Calédonie en a reçu un grand nombre. Au point de vue colonial *ils valent encore moins que les forçats et les libérés;* l'administration n'en peut rien faire, les colons agriculteurs et les compagnies minières se refusent à les employer.

Ainsi l'on a pu dire justement qu'au lieu de faire de la Nouvelle-Calédonie une colonie réelle, on l'a transformée en un *champ d'expériences et d'utopies,* où l'administration pénitentiaire n'a guère éprouvé pour elle-même que des échecs, tout en faisant échec à la colonisation véritable, et en soulevant contre son voisinage les protestations des États anglais d'Australie et de la Nouvelle-Zélande.

La colonisation libre. — D'après le recensement de 1892, le nombre de blancs habitant la Nouvelle-Calédonie est de 20 000 ; sur ce nombre il y a 5 000 condamnés, 3 000 condamnés libérés, 1 600 transportés relégués, 3 500 fonctionnaires, officiers et soldats, et seulement 6 500 colons libres.

Ces chiffres suffisent à montrer combien *petite est la place occupée par la colonisation libre* à côté de la colonisation pénale et des différentes administrations officielles. Elle avait pourtant commencé de bonne heure, et en 1866 il y avait déjà 2 300 blancs dans l'île. L'administration actuelle de l'île fait d'énergiques efforts pour améliorer cet état de choses et attirer par des conditions avantageuses des familles de cultivateurs français pourvues de petits capitaux. Dans ces dernières années plusieurs centaines de familles françaises se sont établies dans des concessions bien choisies.

Mais cette colonisation même ne peut continuer à se développer que si les colons trouvent dans l'île la *main-d'œuvre* qui leur est nécessaire. Ils ne peuvent l'attendre ni des indigènes ni des libérés : il a fallu avoir recours à *l'importation par engagements de travailleurs étrangers.* Le recensement de 1892 en a noté 2 500 ; il y en a maintenant 4 500 environ.

Beaucoup sont venus des **îles Loyauté**, de l'archipel voisin des **Nouvelles-Hébrides** ; il y a eu une *petite immigration chinoise*, puis, tant que le gouvernement général de l'Indo-Chine ne s'y est pas opposé, une *immigration annamite ;* enfin, avec l'assentiment de la Hollande, on fait venir des *travailleurs javanais.*

Les communications. — La *multiplication des routes* est une condition essentielle du progrès de la colonisation libre ; c'est à cela que peut être le plus utilement employée la main-d'œuvre pénale, et il reste énormément à faire pour compléter l'aménagement de l'île.

Actuellement, le réseau de routes le plus long est celui qui relie *Nouméa* à *La Foa, Bourail* et *Canala*. Une *voie ferrée*, de Nouméa à Bourail, a été déclarée d'utilité publique.

Actuellement, les communications entre les diverses parties de l'île se font *presque exclusivement par la lagune* comprise entre les récifs de coraux et les côtes : une compagnie y a établi un service bi-mensuel de circumnavigation, dont les prix sont malheureusement trop élevés. Il n'en coûte pas plus de transporter une tonne de marchandises de Nouméa à Londres, que de Nouméa à l'extrémité septentrio-nale de l'île.

Le commerce de la Nouvelle-Calédonie. — Telle qu'elle est, la Nouvelle-Calédonie devrait se ranger dans la catégorie des colonies qui vendent beaucoup plus qu'elles n'achètent. A cause du poids mort de l'administration pénitentiaire qu'elle a à supporter, c'est le contraire qui se passe, et la situation a encore été aggravée par la crise de l'in-dustrie minière.

En 1893, les exportations ne se sont élevées qu'à 8 millions et demi, tandis que les importations attei-gnaient presque le chiffre de 11 millions et demi.

Sur ce chiffre d'affaires de 20 millions, il n'y en a que 6 millions et demi pour le commerce avec la France. Encore la situation s'est-elle beaucoup améliorée depuis une dizaine d'années. Alors, *le commerce anglais était prépondérant* et la plupart des maisons de commerce de Nouméa appartenaient à des étrangers. L'établissement, par les *Messageries maritimes* d'un *service mensuel entre Marseille et Nouméa*, par Melbourne et Sydney, a changé cela et créé un courant d'affaires entre la métropole et sa colonie.

Encore aujourd'hui les relations commerciales de la Nouvelle-Calédonie avec les archipels qui l'environnent à l'est et au nord (Nouvelle-Bretagne, îles Fiji, îles Gilbert, îles Tonga), se font surtout sous pavillons étrangers : anglais, allemand, suédois, norvégien ou danois. Il n'y a que les *Nouvelles-Hébrides* qui soient reliées à Nouméa par un *service mensuel français*.

Résumé. — En somme, les principaux éléments de la valeur de la Nouvelle-Calédonie sont :

1° sa *richesse minière*, surtout depuis qu'on a reconnu que sa houille est utilisable;

2° sa *richesse forestière* et ses aptitudes agricoles à certaines cultures riches et intensives, comme le *café;*

3° son climat qui permet l'*immigration européenne;*

4° sa *position centrale* entre la Malaisie, l'Australie, la Nouvelle-Zélande et les archipels polynésiens;

5° sa proximité relative des *grands marchés* de la Malaisie, de la Chine et des États-Unis.

Mais il lui faut, pour tirer parti de ces valeurs, *cesser d'être un bagne*, ou, du moins, il est nécessaire que **la colonisation pénale y soit subordonnée à la colonisation libre**, et ne dure que le temps strictement nécessaire pour l'exécution des grands travaux publics qu'elle aurait dû achever depuis longtemps.

B. — QUESTIONNAIRE

I. — Antilles.

1. *Où se trouvent les Antilles françaises ?* — **R.** Dans le groupe des petites Antilles, entre l'Amérique du Nord et l'Amérique du Sud.

2. *Quelles sont les principales Antilles françaises ?* —**R.** La Guadeloupe et la Martinique, dans les petites Antilles centrales.

3. *Quelles autres îles la France possède-t-elle dans les Antilles ?* — **R.** La Désirade, Marie-Galante et les Saintes, près de la Guadeloupe ; la moitié de Saint-Martin et Saint-Barthélemy, dans le groupe des petites Antilles du Nord.

4. *Sont-ce là des colonies très étendues ?* — Non ; toutes ces îles réunies ne dépassent pas en superficie le département du Rhône.

5. *Quel est le trait géographique commun à toutes les petites Antilles, et que la carte met bien en relief ?* — **R.** C'est leur disposition en chapelet, qui dénote l'existence d'une chaîne sous-marine, dont les îles sont les principaux sommets.

6. *Quel est la nature de la chaîne sous-marine des petites Antilles ?* — **R.** C'est une chaîne volcanique, comme les archipels analogues des côtes orientales de l'Asie.

7. *Quels sont les principaux sommets de cette chaîne volcanique ?* — **R.** Ce sont précisément ceux de la Guadeloupe et de la Martinique : la grande Soufrière et la montagne Pelée.

8. *Les volcans de la Guadeloupe et de la Martinique sont-ils encore en activité ?* — **R.** Non. Les six foyers volcaniques de la Martinique sont éteints ; sur les quatre de la Guadeloupe, un seul, la Soufrière, donne encore des émanations gazeuses.

9. *Quelle différence frappante la carte montre-t-elle entre la Martinique et la Guadeloupe ?* — **R.** La Martinique est simple ; la Guadeloupe est double, et forme en réalité deux îles : la Guadeloupe proprement dite à l'ouest, et la Grande-Terre à l'est.

10. *Les deux parties de la Guadeloupe se ressemblent-elles* *entre elles ?* — **R.** Non. La Guadeloupe occidentale est une masse volcanique montagneuse ; la Grande-Terre est un plateau de sédiments calcaires analogue au Pays de Caux.

11. *Quelle est la nature des côtes de la Martinique ?* — **R.** Elles sont en général abruptes ; mais elles offrent, dans le sud, des presqu'îles et des golfes qui forment d'excellents mouillages.

12. *Quelle est la nature des côtes de la Guadeloupe ?* — **R.** D'un dessin très simple, et très escarpées à l'ouest, elles n'offrent presque aucun abri.

13. *Quelle est la nature des côtes de la Grande-Terre ?* — **R.** Ce sont presque partout des lignes de falaises bordées ou séparées par des plages sablonneuses.

14. *A quelle latitude se trouvent la Guadeloupe et la Martinique ?* — **R.** Elles sont entre le 14° et le 17° degrés de latitude nord, c'est-à-dire plus près du tropique que de l'Équateur.

15. *Qu'est-ce qui détermine le climat de la Guadeloupe et de la Martinique ?* — **R.** C'est la prédominance du vent alizé du nord-est, qui a valu à tout le groupe des Antilles auquel elles appartiennent le nom d'Iles-du-Vent.

16. *L'alizé du nord-est souffle-t-il toute l'année sur la Guadeloupe et la Martinique ?* — **R.** Non. Pendant la saison chaude, l'alizé recule vers le nord, et le vent souffle du sud et du sud-est.

17. *Comment l'année se partage-t-elle en saisons dans les Antilles françaises ?* — **R.** De novembre à mars, saison humide et fraîche par vent du nord-est ; de mars à juin, saison sèche et chaude, par vent d'est ; de juin à novembre, saison très humide et chaude, par vents du sud et du sud-est.

18. *Que faut-il entendre par saison fraîche à la Guadeloupe et à la Martinique ?* — **R.** Il faut entendre de 21 à 29 degrés au-dessus de 0.

19. *Le climat des Antilles est-il bon pour les Européens ?* — **R.** Il est anémiant sur la côte, mais très supportable au-dessus de 500 mètres.

20. *Quelle est la nature de la végétation aux Antilles ?* — **R.** C'est la végétation tropicale : palétuviers sur les côtes ; palmiers, fougères, bambous dans les plaines basses ; forêts vierges sur les hauteurs.

21. *Quelle est la principale culture des Antilles?* — **R.** La canne à sucre.

22. *Quelles sont les industries fondées sur la culture de la canne?* — **R.** La fabrication du sucre, du tafia et du rhum.

23. *La prédominance de la culture de la canne est-elle sans inconvénient pour les Antilles?* — **R.** Non. Les Antilles ne produisent pas ce qui est nécessaire pour leur nourriture et sont obligées de l'acheter au dehors.

24. *Par quoi est formé le fond de la population des Antilles?* — **R.** Par les descendants des esclaves noirs importés autrefois pour la culture de la canne.

25. *Quelle est la population actuelle de la Guadeloupe et de la Martinique?* — **R.** 380 000 habitants, dont plus des neuf dixièmes sont de couleur.

26. *Quand l'esclavage a-t-il été définitivement aboli aux Antilles?* — **R.** En 1848.

27. *Quelles sont, à côté de la canne, les cultures d'avenir à la Martinique et à la Guadeloupe?* — **R.** Les fruits tropicaux, que les États-Unis consomment en grande quantité, et le café.

28. *Quels sont les chefs-lieux de la Guadeloupe et de la Martinique?* — **R.** La Basse-Terre et Fort-de-France, petites villes de 8 000 habitants.

29. *Quels sont les principaux ports de la Guadeloupe et de la Martinique?* — **R.** La Pointe-à-Pitre et Saint-Pierre qui ont 15 000 et 17 000 habitants.

30. *En quoi consistent les exportations des Antilles françaises?* — Elles consistent presque uniquement en produits de la canne, et elles sont dirigées presque totalement vers la France.

31. *Les importations des Antilles viennent-elles surtout de France?* — **R.** Non. Plus de la moitié vient de l'étranger.

32. *Pourquoi les importations des Antilles viennent-elles surtout de l'étranger?* — **R.** Parce qu'elles consistent surtout en produits alimentaires, qu'il y a avantage à demander aux pays voisins : le Venezuela pour les bestiaux, les États-Unis pour la farine.

33. *Quels sont les principaux ports français en relation avec les Antilles?* — **R.** Nantes, Saint-Nazaire et Bordeaux.

34. *D'où partent les lignes postales qui desservent la Martinique et la Guadeloupe?* — **R.** De Saint-Nazaire.

II. — Guyane.

1. *Qu'entend-on par Guyane ?* — **R.** Le mot de Guyane désigne toute la partie de l'Amérique du Sud comprise entre l'Orénoque et l'Amazone.

2. *Quels États se partagent la Guyane ?* — **R.** Deux États américains : les États-Unis du Venezuela et les États-Unis du Brésil; et trois États européens : l'Angleterre, la Hollande et la France.

3. *L'ensemble de la Guyane a-t-il une véritable unité géographique ?* — **R.** Oui, par la nature de son sol, et par son climat et sa végétation, qui sont les mêmes partout.

4. *Quelle est la nature du sol de la Guyane ?* — **R.** La région de la Guyane est un massif de roches cristallines anciennes, recouvertes de grès et d'argiles rouges très ferrugineuses, et bordées, le long de la mer et des fleuves, par une étroite bande de sédiments.

5. *Quel est le climat de la région guyanaise ?* — **R.** C'est par excellence le climat équatorial : chaleurs égales et pluies intenses.

6. *Quelle est la végétation de la Guyane ?* — **R.** Celles des forêts vierges.

7. *Dans quelle partie de la Guyane se trouve la Guyane française ?* — **R.** Au sud-est, entre la Guyane hollandaise, dont la sépare le Maroni, et la Guyane brésilienne, dont la sépare l'Oyapock.

8. *Quelle est la surface de la Guyane française ?* — **R.** Elle a 79 000 kilomètres carrés, formant à peu près un triangle dont la base côtière a 300 kilomètres.

9. *Jusqu'où la Guyane française s'étend-elle dans l'intérieur ?* — **R.** Jusqu'aux monts Tumuc-Humac, à 400 kilomètres de la mer.

10. *Qu'est-ce que le territoire contesté ?* — **R.** C'est la partie de la Guyane comprise entre l'Oyapock et l'Araguary, occupée par le Brésil et réclamée par la France.

11. *Quelles sont les divisions naturelles de la Guyane ?* — **R.** Une côte basse et marécageuse; puis des terres basses formées d'alluvions récentes très riches; puis des terres moyennes, où les savanes alternent avec les forêts marécageuses ; puis les hautes terres couvertes de forêts vierges, et où l'érosion livre aux fleuves les alluvions qu'ils transportent vers le pays bas.

12. *Quels sont les traits caractéristiques des cours d'eaux guyanais ?* — **R.** Ils ont beaucoup d'eau, grâce aux pluies équatoriales ; mais ils sont coupés de rapides, lorsqu'ils sont en contact avec le granit, et ne forment que des voies de communication imparfaites.

13. *Quels sont les principaux fleuves de la Guyane ?* — **R.** Ce sont, de l'ouest à l'est : le Maroni, la Mana, le Sinnamary, l'Approuague et l'Oyapock.

14. *Quelle est la nature du climat de la Guyane ?* — **R.** C'est le climat équatorial uniformément chaud, et où les saisons ne sont marquées que par la variation des pluies.

15. *Quelles sont les saisons déterminées par les pluies à la Guyane ?* — **R.** Il y a une grande saison de pluies, en avril, mai, juin ; puis une grande saison sèche, en juillet, août, septembre, octobre, novembre ; une petite saison de pluies en décembre et janvier ; et une petite saison sèche en février et mars.

16. *Les saisons sèches sont-elles absolument dépourvues d'humidité ?* — **R.** Non. Au lieu de torrents d'eau, il y a de fines condensations. Il y a en somme huit mois de pluie, donnant une couche d'eau de 3 mètres sur la côte, et de 2 mètres à l'intérieur.

17. *Le climat de la Guyane est-il bon pour les Européens ?* — **R.** Non. Il est très anémiant, surtout dans les parties basses, où il y a en outre la fièvre jaune.

18. *Quelles sont les cultures de la Guyane ?* — **R.** La Guyane a eu autrefois des cultures tropicales prospères, notamment celle de la canne. Elles ont toutes disparu, sauf dans les établissements pénitentiaires, qui cultivent surtout du café.

19. *Pourquoi les cultures ont-elles disparu de la Guyane ?* — **R.** Parce que la recherche de l'or est devenue l'unique occupation de la population.

20. *L'exploitation de l'or est-elle très fructueuse dans la Guyane ?* — **R.** Non, parce que les placers manquent de moyens de communications commodes.

21. *Quels sont les éléments de la population de la Guyane ?* — **R.** Les Indiens, les Européens, les Africains.

22. *Qu'est-ce que les Indiens de la Guyane?* — **R.** Ce sont les descendants des sauvages indigènes, qui continuent dans la forêt l'existence sauvage de leurs ancêtres.

23. *Qu'est-ce qui constitue l'élément européen dans la population de la Guyane?* — **R.** En dehors des déportés et des fonctionnaires, il n'y a dans la Guyane qu'un nombre infime d'Européens : directeurs de placers dans l'intérieur, ou négociants à Cayenne.

24. *Quels sont les principaux établissements pénitentiaires de la Guyane?* — **R.** Cayenne, Kourou, les Iles-du-Salut, le Maroni.

25. *D'où vient la population nègre de la Guyane?* — **R.** Elle descend des anciens esclaves définitivement affranchis en 1848.

26. *Quel est le principal centre de population de la Guyane?* — **R.** Cayenne, où sont concentrés les trois cinquièmes des habitants du pays.

27. *Quels sont les principaux objets exportés de la Guyane?* — **R.** L'or et les phosphates.

28. *Quels sont les principaux objets importés dans la Guyane?* — **R.** La Guyane est obligée d'importer, non seulement les produits fabriqués, mais aussi les produits alimentaires, dont elle manque presque totalement.

III. — Nouvelle-Calédonie.

1. *Quelles sont les possessions de la France dans l'océan Pacifique?* — **R.** La Nouvelle-Calédonie, les archipels des petites îles Tahiti, Marquises, Gambier et Touamotou.

2. *Quelle est la nature des archipels des petites îles du Pacifique?* — **R.** Ce sont des archipels madréporiques, c'est-à-dire construits par des coraux.

3. *Quelles sont les principales des petites îles françaises du Pacifique?* — **R.** Tahiti et Mooréa.

4. *Quels sont les principaux produits des îles Tahiti?* — **R.** Les huîtres à nacre et à perles, et la noix des cocotiers, qu'on appelle coprah.

5. *Les petites colonies françaises du Pacifique ont-elles des rapports très importants et très fréquents avec la France?* — **R.** Non. Elles n'en ont presque aucun, et trafiquent surtout avec les États-Unis et la Nouvelle-Zélande, l'Allemagne et l'Angleterre.

6. *Quelles sont les dimensions de la Nouvelle-Calédonie?* — **R.** La Nouvelle-Calédonie est grande deux fois comme la Corse.

7. *A quelle latitude est située la Nouvelle-Calédonie?* — **R.** Un peu au nord du tropique du Capricorne.

8. *A quelle longitude est située la Nouvelle-Calédonie?* — **R.** Près du 180° méridien, complémentaire de celui de Paris.

9. *Quelles sont exactement les antipodes de la Nouvelle-Calédonie?* — **R.** Le Sénégal.

10. *A quelle distance la Nouvelle-Calédonie est-elle de l'Australie?* — **R.** A 2400 kilomètres environ.

11. *Quelle est la nature géologique de la Nouvelle-Calédonie?* — **R.** C'est une des îles volcaniques qui accompagnent à distance le continent asiatique et le continent australien.

12. *Quelles sont les îles voisines de la Nouvelle-Calédonie?* — **R.** Il y en a qui la prolongent, comme l'île Bélep au nord ou l'île des Pins au sud : il y en a qui lui sont parallèles, comme les îles Loyauté, prolongées elles-mêmes vers le nord-ouest par les récifs de l'Astrolabe.

13. *A quoi se reconnaît la nature volcanique de la Nouvelle-Calédonie?* — **R.** A d'énormes masses de roches éruptives, surtout de serpentine, qui la traversent du nord au sud, et finissent par en couvrir toute l'extrémité méridionale.

14. *Quelle est la nature des roches à travers lesquelles se sont produits les épanchements volcaniques?* — **R.** Au nord, des roches cristallines anciennes; au sud, des roches sédimentaires, parmi lesquelles se trouvent des dépôts de houille.

15. *A quoi ressemble, en France, l'ensemble du relief néo-calédonien?* — **R.** Aux Cévennes, si elles étaient isolées du reste du Massif central.

16. *Qu'est-ce que les lignes de récifs que l'on voit sur la carte des deux côtés de la grande île?* — **R.** Ce sont des roches madréporiques, comme celles qui constituent les îles Loyauté et l'île des Pins.

17. *L'existence de ces récifs est-elle dangereuse pour la navigation ?* — **R.** Non. Parce que des passes y sont ouvertes, et qu'entre les récifs et la côte la mer est toujours calme.

18. *Quels sont les faits caractéristiques du climat néo-calédonien ?* — **R.** La prédominance de l'alizé du sud-est, pendant les deux tiers de l'année ; l'alternance d'une saison sèche avec une pluvieuse.

19. *Quelle est l'époque des pluies ?* — **R.** C'est l'été, qui dure de décembre à avril (hémisphère austral).

20. *Quelle est la température la plus haute de l'été néo-calédonien ?* — **R.** C'est trente degrés centigrades.

21. *Quelle est la température la plus basse de l'hiver néo-calédonien ?* — **R.** Sept degrés au-dessus de zéro.

22. *La saison sèche est-elle absolument sèche ?* — **R.** Non. Elle ne l'est qu'accidentellement.

23. *L'ensemble du climat néo-calédonien convient-il aux européens ?* — **R.** Il leur convient tout à fait bien, et permet la colonisation par peuplement.

24. *Quelles sont les principales richesses de l'île ?* — **R.** Ce sont avant tout les richesses minières.

25. *Quels sont les principaux métaux que renferme le sol de la Nouvelle-Calédonie ?* — **R.** L'or, le cuivre, le fer, le chrome, le cobalt, le nickel.

26. *Où se trouvent l'or et le cuivre ?* — **R.** Dans les roches cristallines du nord.

27. *Où se trouvent surtout les autres métaux ?* — **R.** Dans les roches volcaniques de l'est et du sud.

28. *Où se trouve la principale mine de cuivre ?* — **R.** A Balade, dans le nord.

29. *Quel est le métal que la Nouvelle-Calédonie fournit en plus grandes quantités ?* — **R.** Le nickel, dont les principales mines sont Houaïlou, Canala et Thio.

30. *Y a-t-il beaucoup de pays au monde qui produisent du nickel ?* — **R.** Non. Il n'y a que le Canada qui puisse actuellement en produire en aussi grande quantité que la Nouvelle-Calédonie.

31. *En quoi la présence de la houille est-elle particulièrement importante pour la Nouvelle-Calédonie ?* — **R.** Elle permet de traiter les minerais sur place, et d'exporter les produits des mines dans de meilleures conditions.

32. *La richesse métallifère du sol néo-calédonien est-elle un obstacle à l'agriculture ?* — **R.** Non. Il reste dans l'île assez de terrains pour permettre une grande exploitation agricole : élevages et cultures.

33. *Quelle est la principale culture d'avenir en Néo-Calédonie ?* — **R.** Le caféier, auxquels conviennent de nombreux coteaux et les alluvions des fonds des vallées.

34. *Quelle est actuellement la principale exploitation agricole de l'île ?* — **R.** L'élevage des bœufs. Il y en a plus de 100 000.

35. *Quels sont les habitants indigènes de la Nouvelle-Calédonie ?* — **R.** C'est un mélange de Mélanésiens, noirs et crépus, avec des Polynésiens, dont le type est beaucoup plus beau.

36. *Quelles sont les principales occupations des indigènes ?* — **R.** L'élevage et la pêche.

37. *Les indigènes de la Nouvelle-Calédonie sont-ils propres à fournir à la colonisation européenne la main-d'œuvre dont elle a besoin ?* — **R.** Non. Ils sont trop paresseux.

38. *D'où les colons européens peuvent-ils faire venir la main-d'œuvre indigène dont ils ont besoin ?* — **R.** Des îles Loyauté, où le type est beaucoup plus près de la belle race polynésienne que dans la grande île.

39. *Quel est le nombre des indigènes dans la Nouvelle-Calédonie ?* — **R.** 33 000, cantonnés surtout dans le nord.

40. *De quand date la prise de possession définitive de la Nouvelle-Calédonie par la France ?* — **R.** De 1853.

41. *A quoi a servi tout d'abord la Nouvelle-Calédonie ?* — **R.** A la déportation des forçats. Plus de 20 000 y ont été expédiés depuis 1864.

42. *Y a-t-il quelque chose à attendre de la déportation pénale pour l'exploitation de la Nouvelle-Calédonie ?* — **R.** Non. Incapable de rien produire de bon par elle-même, elle constitue un obstacle très dangereux à la colonisation libre.

43. *Combien y-a-t-il de blancs dans la Nouvelle-Calédonie ?* — **R.** Il y en a environ 20 000, dont un tiers seulement de colons libres.

44. *Quel est le principal moyen de communication actuel entre les différentes parties de l'île?* — **R.** La lagune côtière comprise entre l'île et les récifs de coraux.

45. *Ce moyen de communication est-il suffisant pour les besoins de l'île?* — **R.** Non. Il est trop coûteux, faute de concurrence. On a commencé un réseau de routes qui relie déjà Nouméa à Canala : on projette un chemin de fer dans la partie la plus propre à l'agriculture, de Nouméa à Bourail.

TABLE DES MATIÈRES

Paris. — Imp. E. Capiomont et Cⁱᵉ rue de Seine, 57.

TABLEAUX MURAUX
Armand COLIN et Cⁱᵉ
Double face, sur carton

Format des *Cartes murales Vidal-Lablache* (1ᵐ × 1ᵐ 20).

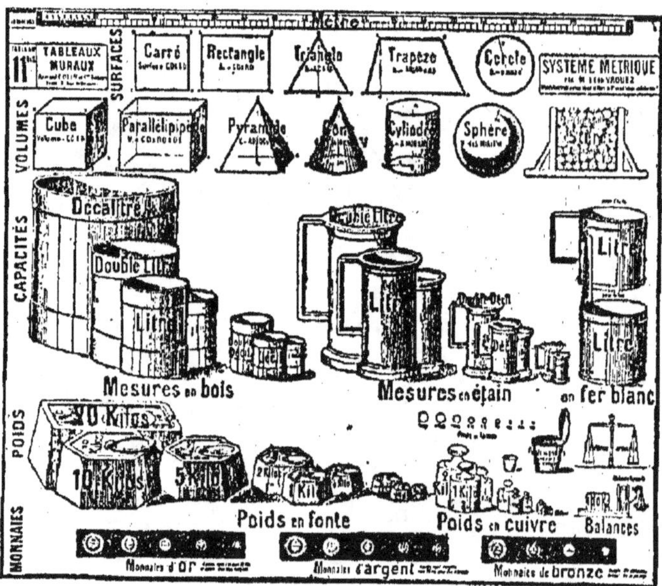

Tableau de Système métrique (Réduction en noir).

Tableaux muraux de Lecture (Méthode GUYAU). Deux tableaux (*ne sont pas vendus séparément*)..... 9 »

Tableaux récapitulatifs de Lecture (Méthode CARRÉ). Deux tableaux (*ne sont pas vendus séparément*). 9 »

Tableaux muraux d'Écriture à pente rationnelle (Méthode QUELLIEN) : Tableau 1, Cursive; Tableau 2, Ronde et Bâtarde. Ch. tabl. 4 50

Tableau mural de Morale..... 4 50

Tableau mural d'Instruction civique..................... 4 50

Tableau mural d'Histoire de France................... 4 50

Tableau mural de Multiplication et de Numération............. 4 50

Tableau mural illustré et colorié de Système métrique.......... 6 50

Tableau mural illustré et colorié d'Hygiène................. 6 50

Tableau mural illustré et colorié d'Anti-alcoolisme.. .... 6 50

France. Produits agricoles (recto) et *Productions industrielles* (verso), — 180 figures coloriées....... 6 50

Graphique illustré et colorié d'Histoire de France. Deux tableaux (*ne sont pas vendus séparément*).... 15 »

Les Tableaux muraux sont munis d'œillets ayant le même écartement que ceux des Cartes murales Vidal-Lablache.

2 Tableaux ou Cartes peuvent être expédiés en un colis postal de 5 kilog. *Ajouter* **1 fr. 90** *pour emballage et port à la gare la plus rapprochée.*

Paris. — Imp. E. CAPIOMONT et Cⁱᵉ, rue de Seine, 57.   (Nº 256)

www.ingramcontent.com/pod-product-compliance
Lightning Source LLC
LaVergne TN
LVHW021822170726
843503LV00007B/3315